Anke Schulz
Literaturwissenschaftlerin, Lehrerin, Sachbuchautorin
und Quatschgeschichtenerzählerin

Anke Schulz

Quatschgedichte, Zaubersprüche und Traumtänze -

für Kids mit langen und Kids mit kurzen Beinen

1. Auflage 2012
© Anke Schulz
books on demand

Konzept und Gestaltung: Anke Schulz
Herstellung und Verlag:
BoD - Books on Demand, Norderstedt

ISBN 9783848221271

Der Inhalt meiner Quatschtruhe

Traumtänzereien für Kids mit langen Beinen

Katzenaugen	10
Traumgeld	12
Die Ballade von der armen Fee, die immer gut sein muss	16
Der Buchhaltungs-Gespenstersong	22
Korrektur	26
Echo	30
Beredte Stille	32
Nix wie weg	34
Sprachlos	36
Der Tanz mit der Unsicherheit	37
Tönernes Haus	40
Köhlbrandbrücke	42
Rufe	44
Wildnis am Schanzenstern	46
Meeresrauschen	48
Verrückt sein	50
Begegnung	52
Landschaft mit Gesang	54
Blaue Stunde	56

Quatschgedichte für Kids mit kurzen Beinen

Der Dichternasenschwur 61

Ballade von den Mühen der Selbsterkenntnis 62

Christalt, der Schneeelf 67

Der Baggamatsch- und Regentanz 71

So so so ne ne ne 74

Die wütende Tulpe und das Feenkind 76

Lieber Computerteufel 78

Das Schnurzipurzi 79

Der Waldschrat und seine Hausgeister 81

Traumtänzereien
für Kids
mit langen Beinen

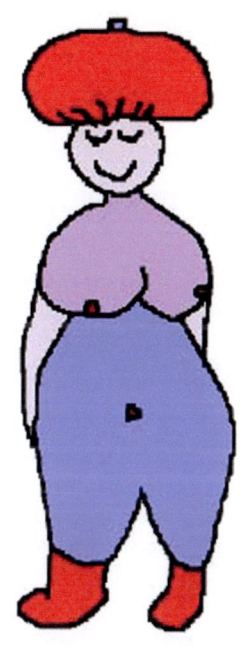

Katzenaugen

Ich könnt schon wieder
mich auf Katzenfüßen in die Großstadt schleichen
Schlingen legen zu Sonnenstrahlschaukeln
um Dich, Du Schöne, schnurrend zu erreichen
um mein aufsträubend Seidenfell
an Dich zu schmeicheln.

Ich könnt schon wieder
rot sehen und erspähen
mit Mond- und Sonnenblicken - wo Du bist -
ich möchte tanzend lachen, singend gehen,
um Deinen Himmelskörper zu verstehen.

Ich könnt schon wieder
Katzenklänge zischeln, Dir zubritzeln,
wenn Du bezaubernd schön vorrüberschwebst -
in mir Orkane britzeln, Geysire hitzeln,
wenn meine Blicke Deine Blicke kitzeln.

Ich könnt schon wieder
Katzenaugen klauen und erschauen
wie Deine Beine leuchten könnten nachts -
ich bin die Bestie auf Sehnsuchtsklauen -

Schleich mich -

durchs Dickicht -

Schnurrend zu Euch Frauen!

Traumgeld

„**H**aste mal nen Euro?"
Aus tiefen Augenhöhlen
starrt mich eine Frau an
hält mir ihre Hand hin
„oder auch zwei, geht auch."
Sie grinst mit zerschlagenen Zähnen
eine Kette aus Narben um ihren Hals
mit scharfen Nadelstichen gesetzt

Ich greife in meine Manteltasche
die scheint mir tiefer und tiefer zu werden
lange taste ich
aber nichts zu finden
nicht ein müder Euro
nicht einen Cent mehr in der Tasche
aber eine Handvoll Träume
gewichtige Träume

Und wie ich die hoch holen will
wird die Last an meinem Arm
schwerer und schwerer
ziehen mich die Träume
 in meiner Tasche
fast runter
„Biste drauf? Hast 'n Flatter?"
fragt sie staunend und
folgt meinen Armbewegungen

langsam hole ich Stück für Stück hervor
breite alles vor ihr aus
die blinkenden Schätze meiner Tasche
Strandgut, Muschelscherben, vergessene Versprechen,
bunte Knöpfe, Spiegelbilder, ein Gedicht,
und einen Traum, am Straßenrand verloren.

Ob sie den haben will?
Ich nehm ihn zwischen meine Fingerspitzen,
„vielleicht ist es dein Traum" , sage ich
und lege in ihre geöffnete Hand
ihren Traum
ihren eigenen Traum

Den sie nie zuende träumen konnte
zwischen Anschaffen und drauf sein,
nun hält sie diesen Traum wie ein Spiegelbild
vor ihren Augen
und die beginnen zu leuchten.

„**I**ch habe mein Zauberwort gefunden"
sagt sie dem Polizisten, der
auf uns zukommt in dem Verdacht
wir könnten mit Rauschgift handeln
Aber wir handeln mit Träumen besseren Lebens.

Er sieht den Traum blinken und funkeln
wird ganz high davon
verstoßen Träume gegen die Ordnung?

Der Polizist nimmt den Traum in seine Hände
gewichtig ist der und doch leicht.

Auch der Polizist beginnt auf einmal zu schweben
vom grauen Alltag in ein andres Leben,
muss aufpassen, dass er nicht
vor lauter Träumen seinen Job verliert!

Doch sie nimmt sich ihren Traum
wieder und wieder
in ihre eigenen Hände
will ihn nicht mehr verlieren
das lässt sie sich auch von dem Polizisten
nicht nehmen
und geht gradlinig
ihre Sehnsucht wie eine Schleppe hinter ihr her
auf der Spur ihres Traumes
aufrecht davon.

Die Ballade von der armen Fee, die immer gut sein muss

Hört, ihr Leute, die Geschichte
von der armen guten Fee
schlank und schön und bleich wie Schnee
eine lange schmale Nase im Gesichte.

Sie war gut, die Fee, zu allen Tagen
lieblich bescheiden und sehr belesen
in allen Fragen ums Zauberwesen
zu allen Tagen in allen Fragen.

Wer sich auf sie verließ war gut beraten
Schicksals- und Liebeszauberei
die weiße Magie war immer dabei
die gute Wirkung ließ nie auf sich warten.

Wenn eine kam und weinte wie wild
der hat mich sitzen gelassen der Schuft
zündete sie ihren Zauberduft
tauchte die Welt in ein himmlisches Bild.

All die bösen Gefühle, die uns bedrücken
Trauer und Eifersucht, Kummer und Leid
Angst und Zweifel, Hass und Neid
konnte sie mittels Zauberspruch entrücken

Sie war so stark, sie lehrte neu zu sehen
gab den Leuten heitere Sichtweisen ein
zauberte sie in ein anderes Leben hinein
lehrte sie ihr Schicksal besser zu verstehen.

So stark war sie, sie lehrte Tag und Nacht
im Auto, im Flugzeug, am Telefon
im Fernsehen, in Büchern, auch im Internet schon,
doch ihre eigenen Kräfte hatte sie nicht bedacht.

Denn, wie Feen so sind, sie war unsterblich
schon viele Erdzeitalter alt, Göttin sei Dank.
Doch wenn sie sich übernehmen,
werden auch Feen krank
auch die ewigste Jugend ist endlich verderblich.

Sie fing an zu schrumpfen, sie wurde klein,
ihre Nase immer länger, die Hüftknochen spitz,
die Karikatur einer Elfe, ein gespenstischer Witz,
sie konnte einfach nicht mehr
immer nur gut zu andren sein.

Die Menschen hörten auf, sie anzurufen
die arme Fee hatte plötzlich Zeit
und fühlte langsam selber Neid
auf Lottofeen, Küchenfeen, Feengeist,
bei denen die Menschen um Hilfe nachsuchen.

Das Schlimmste aber war, dass die Leute
über sie zu lästern und zu schimpfen begannen:
                    eine wie sie
könne nicht Kummer und Leid verbannen -
das sei alles nur Hexerei und Betrug,
brüllte eine Meute der jungen Leute von heute ...

Jeder Fernsehsender, der was auf sich hielt,
stellte klar, man habe sich geirrt
man sei bloß von ihrer Magie verwirrt
die habe am Thema aber stets vorbeigezielt!

Mehr noch, die gute Fee, die immer gut sein musste,
                    diese sei
selber schuld an all diesen Lebenslagen
die Menschen bis zum letzten Atemzug plagen.
Man machte sich auf diesem Wege
von eignen bösen Ängsten frei.

Dann war es aus. Sie vergaß den Zauberspruch
der auch ihre Genesung wäre gewesen.
Auch Zauberbücher konnte sie nicht mehr lesen
ihre Güte von einst wurde ihr Lebensfluch.

Die arme Fee wurde ganz klitzeklein
und sie blieb Jahrmillionen allein
eigentlich mochte sie keine Fee mehr sein

aber zu spuken und zu rasseln
zu klirren und zu verwirren
fiel ihr nun auch wieder nicht ein.

So hält sie fast bis zur heut'gen Stund
brav wie 's sich für gute Feen gehört
den Mund.

Würde sie es doch endlich wagen
ein einziges boshaftes Wort zu sagen - !
Wenn sie die Klappe aufmachen tät - !
Für so was ist es schließlich nie zu spät -

Wenn sie nicht mehr gut wäre, diese Fee,
wenn sie das magische Wort endlich brüllen könnte:
Nee! Nee, ihr Leute, und wieder Nee! Nee!
Macht euren Scheiß alleine!

Packt euch! Macht euch Beine!
Steht für eure Ängste und Macken selber ein!
Macht euch eigene Gedanken um euer Sein!

Hört ihr? Sie ruft!
Die Alte fängt an zu zicken und zu plärren –
geht zum Teufel, hör ich sie fluchen,
hört auf, mir an den Nerven zu zerren
hört auf, euch eine Sündenkuh zu suchen -

Die arme Fee hat sich selbst wieder gefunden
wird vielleicht an der eigenen Kraft wieder gesunden.
Sie ist nur mehr zu sich selber gut.
Es wächst nun auch wieder ihr Lebensmut.

Sie steigt den Leuten nächtens aufs Dach
und macht einen höllischen Superfeengespenster -
schadenszauberkrach -

Damit endet die Ballade von der armen guten Fee
und der Magie des mächt`gen Zauberwortes

nee!

Der Buchhaltungs-Gespenstersong oder die Ballade vom tanzenden Aktenschrank

Brav geordnet, Seit an Seit,
steh'n die Akten, wirksam gefeit
gegen Datensalat aller Art.

Schon morgens früh, so um halb acht,
werden sie sorgsam gepflegt und bewacht,
liebevoll betreut und bedacht
dass sich nicht eine von ihnen
etwa aus dem Staube macht.

Woche für Woche, Tag für Tag,
nimmt Michael auf sich schwere Plag,
zählt die Zahlen, gibt ein die Daten,
sorgsam und genau, gewissenhaft und schlau.

Termin um Termin, Frist um Frist,
Uta rechnet, wägt ab und misst
Brutto und Netto verbeugen sich brav
die bissigsten Formeln werden zum Schaf
die Zahlenjongleuse dressiert sie all
mit Charme, Pfiff und Knall.

Doch eines stillen Tages, ach
wie ward das Zahlenparadies nur
aus seinem Glück gebracht

dahin die Zahlenparade, verflossen die Struktur -
die Siebenen tanzen aus der Reihe,
die Fünfen stehen nicht mehr an ihrem Platz,
die Dreizehn fängt an fremd zu gehn -

die korrekten Angaben werden rot vor Angeberei
den Zahlensalat beisst ein Wurm zu Brei -

wie verhext der Buchhaltungstext
die Zahlenkolonnen flutschen
kommen ins Rutschen -

Ein Chaosweib
nicht ganz gescheit
Eine Anarcho-Spinnerin
war in den Zahlenreihen drin
und Zauberspruch um Zauberspruch
brachte den Buchhaltungsfluch

verlegt die Akten
trägt Daten falsch ein
oder gar gar nicht
oder schreibt statt dessen so was wie ein Gedicht -

ach ein Ank macht krank den Aktenschrank -
wie Uta und Micha auch rechnen,
sortieren und strukturieren

ein Gespenst geht um
macht Grades krumm
Gescheites dumm
Aufrechtes kann nicht mehr gehn
und Logisches ist nicht mehr zu verstehn -

bläst Poesie in die Zahlen
       Lohnbuchhaltungsqualen
         gggggrrrrrrrrrr!

Knoblauch, Kreuz und Hexenkreis
sind aber auch schon zur Stelle
auch ein Ank - Verstand wird langsam helle
pfeift die Zahlen wieder herbei
fügt eins zu eins
und zwei zu zwei
aus 'm Hexeneinmaleinshirnbrei ...

       Yeah - !

Fast geht alles wieder seinen richtigen Gang
nur noch manchmal - unterm Computerhimmel -

ein kleines Gespenst?

ein Ank?

ein Alp?

ein tanzender Aktenschrank?

ein Blick aus dem Fenster ... ?

Korrektur

Es geht eine Frau
durch meine Gedichte
eine Frau, ihre schwarzen Haare
lang wie der Geschichtenschleier von Sheherezade,
eine Frau mit dem Lachen
der alten Märchenerzählerin aus Dakar.

Sie geht durch meine Gedichte
klopft an,
manchmal rieseln die Worte
überflüssig wie Staub -
zu viel Gesagtes
zu platt Gedachtes -
sie nimmt die Worte
in ihre Hände,
ein Wort nach dem anderen,
mit Kristallblick,
schärfender Ungeduld,
Worte,
Metaphern, Bilder.

„Sie leuchten zu grell"
sagt sie bei einigen, oder
„du musst sie polieren!"
Dann
verharrt sie lange vor einem Bild aus Widersprüchen.

Es ist das Bildnis
einer Schwarzen Frau
dunkle Farben vor hellem Himmel.

„Wo hast du das her?"
fragt sie.
Ich wühle in meiner Kramskiste
voll alter Wörter.
„Hier" rufe ich triumphierend,
„Ringelnatz, Kästner,
auch ein paar Worte von der Lasker-Schüler
sogar von Hannah Arendt -
hier, Worte."

Reizvolle Bilder über eine Schwarze Frau,
Weiß die Engel, Schwarz die Teufel,
gespalten,
Bilder über die Schwarze Madonna
im erhellenden Kampf
um den Fortschritt der Weißheit -

„Sieh genau hin"
sagt sie
und geht langsam
ganz langsam
wieder
aus meinen Gedichten.

Ich sehe lauter Konturen -
schwarz - weiß -
und werfe
- eines nach dem anderen -
- Gedicht um Gedicht -
in den Papierkorb.

Ich werde lange sehen lernen müssen
bevor ich meine Sprache finde.

Echo

D_u
redest mit Sägezähnen
zersägst Bretter vor Köpfen
manchmal auch Beton
 Du
 redest mit Worthülsen
 die
 können schießen und treffen

Du
redest laut
es klatschen die Konsonanten
der Zuhörenden um die Ohren
nachhallend und fordernd

Du
vergisst nichts
wenn Du leise endest
mit einem sanften Knicks
im Satz
und mit klangvollen Vokalen
die Hand gibst
Guten Tag
haben Sie gehört
ein Donnern
ein neuer Blick
frei von Beton
und gut drauf zu gehen
auf den Brettern
die von den Köpfen gefallen
ein neuer Tag
eine neue Sprache

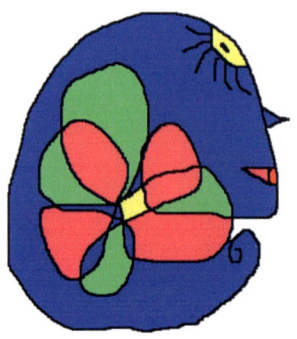

Beredte Stille

Ihr schreibt Gedichte
an Hauswände
auf Betonköpfe
setzt Worte
auf Fensterscheiben
ganz durchsichtig
Worte
in die wir hineinsehen können
wie in eine gute Stube

eine Frau ist drin zu sehen
sie ruft uns zu
wir sehen ihre Gebärde
wir hören nicht
es ist eine weite Geste ihrer Arme
mit der sie zu uns spricht
‚Ermutigung' verstehen wir
sie schürzt ihre Lippen
wie zu einem großen Gesang
wir sehen ihren Atem
tief und schwer
ihre Hände greifen
Unsichtbares in der Luft
wir fangen es auf
und gehen mit vollen Händen nach Hause
schreiben ‚Ermutigung' an die Mauern
schreiben den großen Ruf
die Fenster zu öffnen
in unseren Betonbunkern
die Weite der Ebenen hereinzuholen
und Türen
weltweit

Nix wie weg

brav nebeneinander
regungslose Gesichter
ins Leere starrend
Fassaden wahrend
sitzen sie in der S-Bahn
von Stellingen bis Damtor
von Reinbek bis zum Hauptbahnhof
aufrechte Haltung
kein Gefühl
anständig kühl

Kommt 'ne Alte rein
ins S-Bahn-Abteil
zerwetzte Plüschjacke, Plastiktüte,
mit dem Geruch
der Pennplätze unter den Brücken
lacht laut und herzlich
mojn! brüllt sie

keine Regung auf den Gesichtern
disziplinierendes Schweigen
die alte Frau
torkelt auf einen Sitzenden zu
na, schon was getrunken
fragt sie fröhlich

der Angesprochene zupft seinen Schal zurecht
und schnippt eine Fussel vom Jacket
starrt beherrscht geradeaus

war ja nur mal so ne Frage
lallt die Alte
und zieht ein Bier aus ihrer Plastiktüte

flopp! Öffnet sie die Dose
ein wenig Schaum spritzt
auf die Frau neben ihr
die stiert angewidert
aber behält Haltung

Prost! Jubelt die alte Frau
verneigt sich wie ein Kranich
mit dem Ruf einer Lachmöwe
breitet sie fröhlich ihre Arme aus
und fliegt aus dem Fenster
in weiten Bögen
über der Alster
davon.

Sprachlos

Eine Kristalldruse
meine Mundhöhle
geschmeidige Zunge
scharfkantige Zähne
mit der Luft
kommt herauf
mein nebliger Schleier
der mich
in Schweigen hüllt

ich schüttel sie ab
die funkelnden Sterne der Rede
verschlucke das Glitzern
meines Gaumens

Schwer im Magen
liegt mir das Wunder dieser Welt

wenn ich sie doch hätte
die Sprache
kristallklar

diese Sprache
des Schweigens.

Der Tanz mit der Unsicherheit

Im Bauch
meiner Zitter
hockt ein Flaschengeist
der rumort
bei jedem Solo
das ich gebe

ich schlage sie an, die Saiten
zart und bedächtig
da poltert es los
im Innern

entgeistert will ich sie rufen
die wilde Frau im Bauch
diesen Poltergeist
der sich immer daneben benimmt
zur Raison bringen

über meine Mimik huscht ein Schatten
ich greife daneben
meine Zitter gerät aus dem Takt
meine eigene Öffentlichkeit
steht außer mir
mein inneres Lauschen
des braven Zuhörens müde
steht auf

der gute Ton geht mir fehl
meine Zitter bauchredet
sie bäumt sich auf
Schluss mit Zartsein
mit einfühlsam und empfindlich
jetzt gelten andere Töne
der Flaschengeist rappt

verzagt setze ich mich nieder
auf den Rand der Bühne meines Innenraumes
das ging alles fehl, denk ich
da hüpft der Geist aus der Flasche
verlässt meine Zitter
mein Selbstwert hottet
will den Geist zurückrufen

der pfeift mir was
auf Zehenspitzen
reckt er und streckt er sich
greift sich Sterne vom Himmel
zitternde Sterne
schüchterne Sterne
die fangen leise an zu summen

meine Wesenheiten halten inne
lauschen
dem Gespiele

ich drücke mich betreten
hinter die zugezogenen Vorhänge
meiner Seelenbühne
voller Scham

Zitterklang
schlägt die Lyra
huscht mit Bewegungen über mein Gesicht
greift beherzt in meine Saiten
steigt mir zu Kopf
bis mir vor Staunen
der Mund offen steht

und ich vorsichtig
ein Wort einfange
das sich zitternd
aufs Papier setzt..

Tönernes Haus

Haus auf dem Sonnenblumenhügel
gebaut aus Moor
mit Vogelsang vermauert
Haus auf dem Sturm
im Malvenmeer fiedelnd
Zittergrasstimmen
Haus, an deiner Hand
verbeugt sich ein Zwerg
die Grubenlampe zu alten Träumen
leuchtet herzwärts

Haus
auf Kaskaden aus Äpfeln und Birnen
mit dem Draht zum Himmel
auf der Stiege die steile Schwernis

von Glockenhänden gehalten

zum Tode zum Leben

ein Werdehaus

aufzuschließen

mit dem Atem der Langmut.

Köhlbrandbrücke

ich steh inmitten von Wind
in meiner Ruhe innen
im Hohlraum einer Schnecke
und lausche

spiel Flöte, Wind
blas auf den Wellen
Lied
kämme spitze Zungen
im Überkreisch einer Heringsmöwe

Sturm
greife dem Heulton unter die Arme
und stelle meine Ohren auf die Füße
Elbuferlied

ein Bogen über dem Hafen
eine Brücke
am Himmel gespannt
mit Pfeilfüßen im Schlamm

dort
an den Harfendrähten
der Brückenaufhängung
ein Saitenspiel im Autowind
ein Möwenschrei sturzfliegt

ich lege meinen Arm um dich
Silhouette
Augenspiegel ich für dein Abbild.

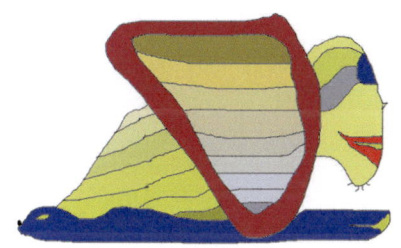

Rufe

Ein Möwenschwarm swingt über dem Schlachthof
Eine Heringsweibmöwe rockt Techno-Urschrei

Ich fahre mit den Augen über den Himmel
Und echo dem Möwensound schweigend

So möchte ich brüllen
Die Worte auf der Müllhalde
Den Schulhöfen den Eisenbahnschienen

So möchte ich rufen
Auf den Parkplätzen den Schnellstraßen
In den Wohnkatakomben

Himmelsfetzen komm
Klatsch uns in die Augen

Sehen lernen
Den schreienden Himmel.

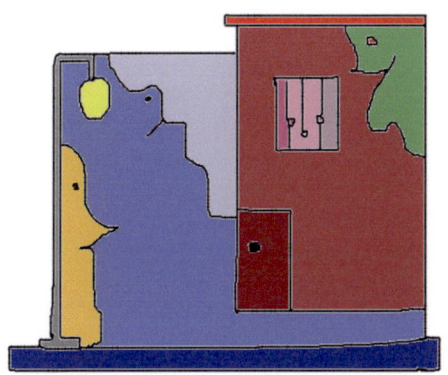

Wildnis am Schanzenstern

Auge durch ein Astloch
verspinne den Kokon
um deinen Blick
einen großen Bogen
um den Tag lege
um Haaresbreite Stottern
im Geäst

Fußtritte von Efeu
ameisendurchflutet
mit rotbäuchigen Fühlerwurzeln
ripseln die Hauswand
hoch
und hoch
und
festkrallend in den Haarrissen
des Mauerwerks
echsen ins Fenster hinein
an die Scheibe pochend

Salamandermuster an der Mauer
hochgewachsene Graffitis, Efeuspuren
wurzelstark
um Haaresbreite
an den Himmel gezeichnet

niederfällt der Blick
in die Fadenstrahlen der feingliedrigen Brennessel
küsst einen Luftzug lang
ein Sonnenblumenauge

verpacke diesen Moment, Zauber
wie ein Geschenk

Meeresrauschen

Peitsch auf
Peitsch auf
Geschwind
Geschwind -
Es glitzern die Wellen im Wind.

Tief auf
Tief auf
Gurgelnd das Wasser zieht
Zieht
Zieht lang:
Laß dich doch hinab!

Laß spielen dich
gurgelnd dich
glitzern dich
als Welle im Wind.

Verrückt Sein

eingezwängt
in die engen Kreise meines Hirns
diese meine Bilderwelten
meine innere Galerie
durch die ich wandere stets
Wort für Wort Tag für Tag
bekannt

wenn ich fortginge
das wenige, das ich begreife
die engen Kreise
in denen ich mich drehe
verlassen

neue Worte kennen lernen
mit fremden Sprachen sehen lernen
neue Vertrautheiten entdecken
mich in die Weite des Alleins einreihen
Horizonte erweitern

überschreiten mich überschreiten
die engen Tellerränder
in eine Welt
der Verständigung

lange Wege gehen
mit Worten
sagbare und unsagbare
Aufbruch immer wieder
aufbrechen hin

zum anderen Menschen.

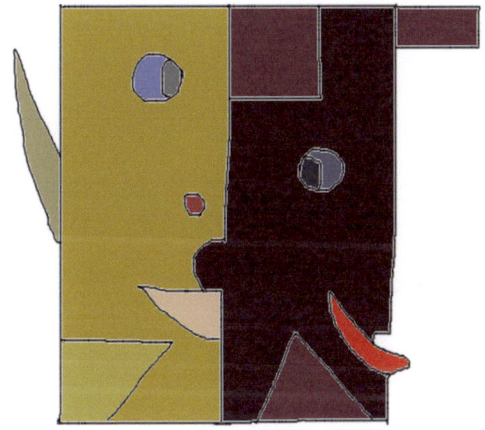

Begegnung

Tieraug
groß und schwarz
wie ein Bergsee
von dunklen Tannen umrandet
voller Spiegelbilder

ich seh
in deinem Auge
spiegelt sich meine Gestalt
breit auseinandergezogen
weitwinklig
groß den Himmel verstellend

du zitterst mit den Nüstern
ich bewege mich nicht.

Dann
du hebst einen Huf
kommst einen Schritt näher
neugierig schnaufend
ich will meine Hand heben

mit einem Satz
seitwärts
bockst du aus
läufst fort

ich bleib stehen
wie ein Fragezeichen
die Hand erhoben zum Gruße
stehen geblieben
an der Grenze
zwischen dir und mir.

Landschaft mit Gesang

in einem Keilflug Gänse am Himmel
Schnattern überzieht die Ebene
Wechselgesänge aus Rufen und Wind
die Flügel leuchten auf
Spiegelfiligran am Himmel

eine große Kuppel bläut
über den dunklen grünen Marschlanden
klingt im Widerhall der Vogelschwärme
voller silberner Pfeifen im Rohrwind
das dunkle Tuten der Rohrdommel

ich lege ein Gras
zwischen meine umschlossenen Hände
und blase darauf einen zurrenden Klang

Vogelschwarm
gib meinem Gesang silbernes Flügelschlagen

aufzusteigen
in blaue Himmelskuppeln
fortzuwehen
wohin

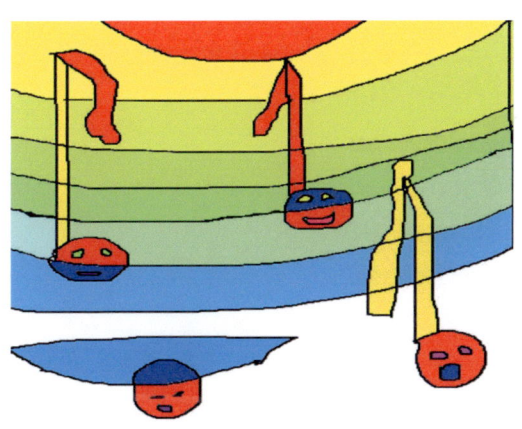

Blaue Stunde

beim Spazierengehen
im Park an dem kleinen Weiher
liebe ich sie,
die schmalen silbernen Brüste der Buchenstämme,
die taubenetzten Schamhaare der Mooshügel
bevor die Sonne zu Bett geht
und die Mondin mir ins Gesicht steigt

In dieser blauen Stunde will ich im Hause sein
will blättern im Buch der Frauen
will Zaubersprüche
von Geschichtenerzählerinnen hören
will mein Haus öffnen
Dir entgegentreten

Endlich - Du klingelst
Du trittst ein
Ich seh Dich sprechen und steh neben mir
verflixt schleichen sich unbeholfene Wörter ein
mein Atem gerät aus dem Takt
Du senkst die Augen. Warum nur?

Wir verlassen beide die Gleise der Vernunft
gehen auf schiefen Ebenen
ich möchte Dir

Krokusse und Tulpen aus meinem Garten schenken
und trau mich dann doch nicht
Ich blase mich unheimlich auf
als könnte Dich sowas imponieren
und verstecke mich dahinter
aber Du
nimmst trotzdem meine Hand

Wir treten ein in die blaue Stunde
Frau fasst Frau
Stockentenerpel lieben sich im Fluge
Hexengetier leckt sich Geschlechterhöhlen
Du rufst mein Sein

Auf den samtenen Landschaften
unserer Regenbogenhäute
erkennen wir die Welt
wenn die Mondin die Erde streift
noch vor Tag.

Quatschgedichte
und
Zaubersprüche

für Kids
mit kurzen Beinen

Der Dichternasenschwur

Wir alle sind mit dabei
bei der Quatschwolkenzauberei!
Bauen Wolkenkuckucksheime uns da oben
in denen Marsmännchenkinder herum toben,
für uns Mondgesichter blinken,
freche Teufelsfratzen winken!

Da spielen wir unseren eignen Traum
voll abergalaktischem Sternschnuppenschaum.
Mit einem Augenzwinkern können wir uns erdichten
Wolkenpaläste und kitzelbunt Geschichten.
Können auf Traumstraßen fahren
in Atemzug lang schnellen Lichterjahren.
Auf denen wir in Ideenblitzen flitzen
in pink und silber karierten Limousinen
oder auf blauen Pferden sitzen,
auf goldenen Kutschböcken
mit Dichtermienen
uns goldene Dichternasen verdienen.
Grrrs! wir rasen!
Wir, die Dichternasen!

Du wärst selber gern mit dabei
bei der Quatschweltendichterei?
Nimm ein paar Worte aus diesem Buch
und dichte dir deinen eigenen Zauberspruch!

Heureka oder
die Ballade von den Mühen der Selbsterkenntnis

Jowena und Tirry hocken auf einem Steine,
bedecken mit ineinandergestützten Armen ihre Beine,
grübeln und denken ganz fürchterlich.
Warum ist nicht Nichts? Was hat alles für einen Sinn?
Was gab es vor der Welt?
Auf welches Datum datiert ihr Beginn?

Vor ihnen hüpft ein Grashüpfer zierlich,
geigt auf seinen Hinterbeinen recht manierlich
Melodei und macht sich seinen Reim dabei:
summ summ ich bin nicht dumm
ich bin der Rechenking
berechne jedes Ding
summ summ ich bin nicht dumm!

Jowena und Tirry hören ihm zu
und heureka! Beide eint ein Gedanke im Nu:
den hüpfenden Taschenrechner zu fangen
ist ihr Verlangen -
hupf! Der hüpft!
Schwupf!

Beide machen lange Gesichter
doch dann sehn sie das Gelichter
der Grashupfbeine in den Sonnenstrahlen
und hören wieder sein dümmlich Prahlen:

> summ summ ich bin der Rechenking
> ich berechne jedes Ding
> zähle alles ab genau
> hach bin ich schlau!

Langsam pirschen Tirry und Jowena sich heran
an den großkotzigen Grashüpfermann.
Tirry macht eine hohle Hand und -
schwupps! hat den kleinen Kerl gebannt.

Der summt herum - grummelt pisst sticht -
aber das hindert Tirry nicht
ihn weiter umschlossen zu halten in ihren Händen
und damit auch die Prahlerei kurzerhand zu beenden.

Der Grashüpf aber in der hohlen Hand
in dieser misslichen Lage hat erkannt
dass er nicht immer oben auf ist -
dass er nicht alles richtig ausmisst -
ihm wird schmerzhaft klar
wie beschränkt schon immer
sein Horizont gewesen war.

Derweil Tirry und Jowena grübeln und fragen
bis sie philosophische Bauchschmerzen plagen:

Wo kommt der her, wo geht der hin,
warum hat der nur Rechnen im Sinn,
wo war seiner Welt Beginn,
warum hüpft der immerzu
und macht sich seinen Reim dazu?

„Hört auf mit der öden blöden Fragerei!
Lasst mich verdammt noch mal endlich frei!
Oder was glaubt ihr denn,
was der Sinn eures Lebens sei?"

Darauf hat Tirry eine kluge Idee -
damit ihren Gedanken auch Jowena seh
fährt sie mit der Hand an ihren Kopf -
Jowena, verstehe, wie ich es sehe ...

Hupf! Die Idee ist folgenreich.
Der gefangene grüne Tropf
entweicht sogleich
mit einem Sprung in sein Wiesenreich.

Blöd. Da fällt Tirry nur noch ein
mit sich selbst ziemlich zornig zu sein.
Ich Trottel! Ruft sie, daran hab ich nicht gedacht.
Jetzt hat dieser hüpfende Spleen
sich auf und davon gemacht.
Ich dachte, ich wäre klüger als der da
doch sein gewitzt Gedankensprung zeigt mir klar
dass ich damit ziemlich im Irrtum war.

Jowena und Tirry hocken wieder auf einem Steine
bedecken mit ineinandergestützten Armen ihre Beine
grübeln und denken ganz fürchterlich.
Wer bin ich ? Was hat mein Leben für einen Sinn?
Was ist, wenn ich selber nicht mehr bin?

Und von der Wiese tönt ein neues Gebrumm:

Summ summ, manchmal bin ich auch dumm,
wenn ich über die Gräser springe,
wenn ich auf meinen Hinterbeinen geige und singe
spür ich immer stets genau was wie viel wo wohin
millimetergenau wo ich bin,
dann fühl ich mich schlau.
Doch in anderen Welten
muss das gar nicht gelten.
Summ summ, manchmal bin ich auch dumm.

Christalt, der Schneeelf

In einem Schneekristall
gemütlich hin und her wippend -

im Schneeflockenfall
rhythmisch hin und her schnippend -

tanzt der Schneeelf
swingt der Schneeelf
wedelt der Schneeelf her und hin -

Flockenwirbel
Kristallklänge
Schneespielereien
im Sinn.

Glitscht
auf gefrorenen Sternenkreisen -

Flitzt
Schneesternweisen -

Rutscht Patsch! aus
auf den eisigen Weltallglitschen

Fällt auf seinen weißen glitzernden Po
so -!

Und holt dann tüchtig auf
zum Eispirouetten flitzen -

Hui, der Schneeelf!

So elegant wie der kalte Mond,
in dessen Sichel der Schneeelf in Atempausen thront,

inmitten von Milchstraßenfernen und Sphärenkreisen
von abergalaktisch verschnupften Sternen,
inmitten kreisender Weltenallweisen

will der Schneeelf
seinen Superschneesternreigen
zeigen!

Und wie der tanzen kann!

Einen Schweif mit Tupfern voll Sternenzeit
zieht er hinter sich her,
eine Schleppe, viele Sternenzeitalter weit

aus Ewigkeiten langen Ewigkeiten
die sich selber ineinander greifen,

sich glühend aneinander reiben,
entstehen und mit lautem Zisch! vergehen!
Oh je, die mit lauter Strahlenfeuern
und Kometenschweifen
auch den hauchzarten Schmelz
des Schneekristalls erreichen!

Vor lauter Weite, Raum und Klang
vor glühenden Milchstraßenwegen
und Planetenregen
wird es dem Schneeelf am Ende selber bang.
Christalt, der Schneeelf
wird leise weise wieder ruhig und still
und weiß selbst nicht mehr so recht
was er eigentlich will.

Im All so ganz alleine
hätte er gerne eine
kleine irdische weiße Welt
die ihm den kristallklaren Atem erhält.

Setzt sich in seine Mondessichel
träumt von Schneesternblütenreigen
auf irdisch schönen kalten Frühlingszweigen
im Anblick der ewigen Sternenfernen.

Um dann alleine -
schneeflockenleicht -
mit Weltallflügeln - sanft und seicht -
in einem Schneesternblütenregen
sich wieder auf die Erde herab zu begeben.

Und lautlos leise
mit Glitzersternenweise
sich Kinderaugen anzuschauen
ob die nicht gern einen Schneemann bauen.

Der Baggamatsch - und Regentanz

Rhabarber Rhabiber Rhabrum
heut hopsen wir herum
einen Schritt vor, zwei Schritte links
wir tanzen heut den Tanz der Sphinx
wir hopsen einen Regentanz
und wedeln mit 'nem Zauberkranz
Rhabarber Rhabiber Rhabrum.

Rhababro Rhabibru Rhabro
der Regentanz macht uns froh
die Sphinx reiht sich zum Tanzen ein
auch ihr fällt heut nur Blödsinn ein
den Regen will 's nicht geben
der Tanzschritt war daneben
Rhababro Rhabibru Rhabro

Radieschen Ralieschen Rasuse
alle Kinder küsst eine Muse
verzaubert mitten ins Gesicht

wir hexen uns ein klein Gedicht
die Muse hört sich 's schweigend an
und fängt dann auch zu tanzen an
Radieschen Ralieschen Rhasuse

Radieschen Ranunkel Klawunkel
es raunt ein zwielicht Gemunkel
unter uns sei eine Wetterfee
wenn sie tanzt fällt mehr als Blütenschnee
wenn sie lacht gibt es Regen
auf Regenbogenwegen
Radieschen Ranunkel Klawunkel

Alraune und Staune Allwesen
die Fee ist`s aber gar nicht gewesen
das waren die Schritte von Muse und Sphinx
schräg gegen den Takt und drei Schritte links
geheimnisvoll lächeln zum Zaubervers
Wolken anlocken mit Blödeln und Scherz
für Muse und Sphinx einen Wolkenkuss
und schon pläddert der Regenguss
Alraune und Staune Allwesen

Alllichte Geschichte Gelacht
der Tanzschritt ist für alle gemacht
wir hopsen in die Pfützen rein
schmieren uns mit Baggermatsch tüchtig ein
greifen die Regenfäden dann
fangen mit den Tropfen zu spielen an
Alllichte Geschichte Gelacht

Das war vom Regentanz ein Gedicht,
wie der aber geht, das verrat ich euch nicht.

So so so ne ne ne

So so Sonne so so so
ne sagt Sonne ne ne ne
ne ne ne - so so so
Sonne scheint nirgendwo
ach je

So 'ne Sonne - hach ne, heute nicht!
Frau Sonne mag kein Sonnenlicht
ist gênant
will heute nicht
elfentanzschuhkreuzkrautweise nicht
kein Sonnenlicht im Angesicht
die Sonne lächelt nicht
weder hier weder draußen noch im Gedicht
das Sonnenlicht
scheint heute nicht
kein Sonnenstrahl
tanzt auch nur
ein einzig mal
ein elfantanzschuhkreuzkraut einzig mal
ts ts ts
ne ne ne - so so so

Ach, Elfentanz, ach, Hexenschranz,
Frau Firlefanz - hamse mal ein Sonnenlachen da

Sonne hier Sonne ja
hamse mal nen Sonnenstrahl
schöner Strahl
erste Wahl
Zauberstrahl allemal
so ne Sonne scheine doch
Sonne ja Sonne ja sei doch da
ohne och ach Sonne doch
da da da nu lach doch mal
Sonne sei doch wieder da
ja ja ja - so so so - nix mit ne - sei doch nun ja
- auch wenns sich nicht richtig reimt -
sei doch do! Holdrio!
... Da muss sogar die Sonne lachen ...
Sonne grinst ein winzig Licht
friedfertig
dieses Licht
so so so bleib do do do holdrio
Sonne Sonne lach noch mal
Jo jo jo jubilio
Sonne tanzt im Sonnenlicht
Sonnenstrahl
tanzt im Elfentanzschuhkreuzkraut
ups - Sonnenstrahl - da biste ja -
setzt dich
auf meine Nase
Jupiju! Hallo Sonne!
Na wie geht 's?
Mir jetzt auch!

Die wütende Tulpe und das Feenkind

Ein Feenkind, das nicht aufgepasst
landet in einer Tulpe - platsch.

Plitsch! Die Tulpe macht ein Gesicht
als hätt sie `nen Zacken abgekriegt.

Mosert mit roter Tulpenwut herum:
du Doofkopp da du störst mich sehr
du Blödkopp da bist viel zu schwer
du zappelst zu viel hin und her!

Das Feenkind bleibt verschreckt ganz stumm
und findet die motzende Tulpe saudumm.

Eine Biene naht sich mit Gesumm,
guckt sich in aller Ruhe um,

entdeckt vom Feenkind
einen nackten zappelnden Fuß,
setzt sich drauf und kitzelt mit Genuss
das Feenkind
mit einem kribbel - krabbel - Bienenkuss.
Schmatz!
Sogleich gluckert es im Kelch der Blüte -
prustet wie in einer Flüstertüte -
zittert hin und zittert her!
Hau ab! Brüllt 's da im Blütenmeer.

Der Tulpe wird der Zappelkloß zu schwer.
Sie neigt ihren Kopf -
Zack!
Ubs!
Das Feenkind landet so
ganz unelegant auf dem eigenen Po.

Pah! Ruft es, Tirry Tarra!
Die Wiese ist zum Spielen da!
Nimmt Anlauf und brüllt zack zack hurra!
Und ist auf einmal nicht mehr da.

Aber wenn wir heute über die Wiese gehen
können wir das Feenkind vielleicht
beide beim Spielen sehen.

Lieber Computerteufel,

du spukst in den Kisten herum,
glaubst wir wären dumm.
Hä! Wir werden dir das zeigen
und das Gegenteil beweisen!
Wir werden dich
aus dem Maschinenraum weisen
und klug wie wir sind
in Cyberwelten reisen.
Wir lassen uns
nicht verhexen noch verteufeln,
du wirst schon sehen,
wir werden die EDV
wie du verstehen!
Wir sind selber teuflisch gut,
voll Zuversicht und Mut
machen wir dir Beine!

Zieh Leine!

Das Schnurzipurzi

Im Land der Blödianer,
Im Hexenkuckusland,
Hausen zwei freche alte Weiber
Die zaubern Hand in Hand.

Die zaubern sich Geschnackel,
Die zaubern sich Gedumm,
Die zaubern tolle Worte
mit dem Hexensammelsurium.

Wollt Ihr es mal hören?
Na dann, die Zaubersprüche aus Blödianien:

„Schnurrzipurrzi" sagt die eine,
„Gewruppel gewrappel gewrumm
Schnurrzipurrzi mit kadabra
Gebrabbel Gestammel krumm bum."
„Schnurrzipurrzi" sagt die andere,
„Schnuddlbuttl usseldussel
Knall knill krumm ..."
Sieh da, ein Schnurzipurzi hopst herum!

Ein Schnurzipurzi
Sauhundspossiertlich
Schlampenmanierlich
Auf Zauberpfoten geschnurrzt und gepurzt

Mit Schnurrzipurziaugen
Hüpft geschnuckelt und geschnarrzt
Schnurrzipurzizierlich

ins Land der Doofianer ins Hexenwunderreich
schnurzelt herum krummdumm im Pissnelkengarten
mit Schlampinchenblüten, ganz zarten
mit Zimtziegenaroma, Klängen
aus Qietschkommoden und Arschgeigen
die hängen schnurzelig in den Weiden
ein klitzekleines
na, ihr wisst schon

aber dann …

Auf dem Schnurzipurzelbaum
hängt ein Schnurzipurzeltraum
schnurz schnirz schnurrzi purrzi purzelt drauf herum
greift sich einen Spruch
aus dem Hexensammelsurium
Huuups!
Steckt zum geschnurrrzten Schluss
mit einem Schnurzipurzikuss
seinen eigenen Zauberspruch
in seinen schnickel schnackel neuen
Schnurz - Zylinder!
… und weg ist der Zauberspruch! Huch!

In Doofianien neben Geranien
schaun zwei alte Fraun
auf das Nix
auf das Nax
auf das Schnurrzipurzi
haste nicht gesehen
und weg ist das!

Der Waldschrat und seine Hausgeister
oder die Ballade von dem Schamanen, der ständig etwas sucht und dabei flucht

Ein Schrat aus altem Schrot und Korn
hochwohlgeborn
ein altgeprüft Schamanengeist
der Waldschrat heißt

streift brummelnd vor sich hin
seine Hausgeister nur im Sinn
latscht grummelnd durch den Urwald
auch er selber ist schon uralt.

Zäh und grau
schamanenschlau
ruft jammert seufzt und schimpft dabei
das Hausgeisterschamanenallerlei
befiehlt seine Geister herbei,

die ihn schon seit vielen Tagen
nicht mehr kontaktieret haben
die er schmerzlich nun vermisst
dass er sogar das Zaubern vergisst.

Der Waldschrat ist von der alten Sorte
für Anrufe reichen ihm magische Worte
weder Handy noch E-Mail sind in seinem Gebrauch

er klönt mit Geistern und Gespenstern auch
wenn die weit von ihm entrückt
von Anrufungen der Götter ist er tagelang entzückt
ein Schamane ist dieser Waldschrat eben
will deswegen zusammen mit Geistwesen leben.

Es ist nun mal unter Schamanen ein alter Brauch
Hausgeister und Hilfsgeister anzustellen auch
weil sie bei der Zauberei in vielen Sachen
Hilfszaubererdienste machen
und dann weil sie mit dabei
bei der Schadenszauberei
schließlich ist ein Geister-Chor
vielen angenehm im Ohr:

die singen und klingen
die hallen und swingen
die klatschen und schnippen
mit Fingern und Lippen
die flüstern und raunen
bis sogar Totengeister staunen,

denn Totengeister besucht der Schamane
der spricht im Totenreich mit jedem Ahne
der Schamanendynastie
die Seelen der Toten vergehen, sagt er, nie,

da kennt er sich weidlich aus
Im Totenreich geht er ein und aus
holt sich Hilfe, Rat und Tat
von toten Genossen seiner Art
über so manches Zauberspiel
denn es spielen alle Schamanen viel -

gern weilt er täglich unter den Toten
doch zur Überfahrt in Totenflussbooten
braucht er seine Hilfsgeister fix
wenn die nicht singen und swingen is das nix -

denn normalerweise
auf einer Totenreichreise
lachen die Hilfsgeister im Geisterchor
allen Toten schwarzen Humor ins Ohr
damit sich die Geister biegen vor Lachen
und die Lebenden nicht dumm anmachen -

doch wenn die Hilfsgeister
nicht mehr kommen wollen
muss der Schrat sich aus dem Totenreich trollen
denn wird er von einem Toten als Lebender erkannt
ist er aus der Welt der Lebenden verbannt -

doch will der Schamane weiter leben
er liebt das Leben so ist das eben

nun latscht er grummelnd durch den Wald
und erhofft seine Hilfsgeister alsbald,

flucht während er sie sucht:
Bohnendreck und Kreuzesklau
Schweinespeck und Pistensau
Schabernack und abgemacht
ihr seid hier noch diese Nacht
kommt ihr mir nur wieder her
ich mach euch das Geistern schwer
meine Meinung ich euch pfeiff
ich zieh euch die Ohren steif!

Während er so latscht und flucht
wird er seinerseits gesucht
nämlich von dem Geisterchor
der dröhnt ihm ganz laut ins Ohr
bis es allen Geistern auf der Welt
grauslich auf den Wecker fällt.

Nur der Schrat kann das nicht hören
kein Laut kann ihn mehr betören
weil er selber lauthals flucht
hört er nicht, dass ihn wer sucht.

Grr, sein eigner Geisterchor
dringt nicht an sein taubes Ohr
ihm ist wichtig laut zu schimpfen

Geister bös zu verunglimpfen
seine Wut laut loszuwerden
selbstmitleidige Beschwerden
Hopfen Malz und Schweinespeck
Geister sind der letzte Dreck!

Die Geister aber ihrerseits
die überhörn das keinesfalls
die wedeln und swingen
die hallen und klingen
und machen dabei
das Hilfsgeisterschamanenallerlei.

Heija Hu Waldschrat du
hör uns doch auch mal zu
swing mit uns statt zu motzen
kling mit uns statt dich auszukotzen
sing mit uns im Geisterchor
Weltenwogen in dein Ohr
Geisterodem in dich ein
sollst nicht mehr so launisch sein
wir tanzen nicht nach deinem Willen
wir haben unsere eigenen Grillen
Waldschrat du
hör uns zu -

Doch der Waldschrat selbstvergessen
latscht noch immer
sucht und flucht.

Davon hört im Totenreich
sein jüngster Uhrahn gleich
ruft er ihn an
mit dem Totenbann
Stirb, du – komm her -

Hu! jetzt wird's recht unheimlich
denn der Waldschrat hört das nich
schwerhörig ist der alte Mann
statt in Ach und Bann
brav nun zu verscheiden
tot sich zu bescheiden
aus der Welt der Leiden
flucht lauthals der alte Mann
Krötendreck und Hopfenspeck
Ich will hier nicht weg weg weg!
Gebrüll hilft, zu vermeiden
aufs Totenreich zu hören
das ihn will betören.

Nun, so ein Zauberfluch ist auch
ein alter Abwehrzauber Brauch.

Bei dieser Beziehungsstörung
hilft allein
diplomatische Geisterbeschwörung
die klugen Fäden der Manipulation -
geschickt führen die Hilfsgeister schon
auf göttlichen Wegen
verspielt und krumm
den Brummbart

auf den geistreichen Pfad
ins Elysium.

Aber da hockt er immer noch und flucht
und hat längst vergessen, wen er sucht.

Dem Fluch des Todes jedoch ist er entronnen
im Spiel des Lebens hat er gewonnen.

Er taucht ins göttlich Elysium ein
und ist mit allen guten Geistern

All-Ein.